冷凍具材をつかって
朝食・お弁当・ヘルシー夜食まで

おうち吉野家
かんたんレシピ

吉野家

はじめに

みなさん、こんにちは。
牛丼の吉野家です。

この本は、吉野家の冷凍具材を使ってできるレシピ集です。

牛丼の吉野家と名乗ったばかりですが、
牛丼のレシピはありません。
豚丼も牛焼肉丼もありません。
これら吉野家のどんぶり商品の具を使った、
かんたんな一品料理が載ったレシピ集です。
しかも、この本で紹介しているレシピは、
クロックムッシュ、お手軽ビーフストロガノフ風、
クイック肉じゃが、チーズタッカルビなど、
おそらくみなさんが、吉野家の名前からは想像がつかないようなメニューばかり！
「なんだか難しそう……」と思われるかもしれませんが、
手軽でかんたん！ 短時間で作ることができます。
冷凍具材のたれを上手く利用したレシピ集なので、
味付けに失敗することもありません。
料理が苦手な方や、子育てに忙しい方、
単身赴任中の方などにもぴったりです。

みなさんもぜひ、おうち吉野家をはじめませんか？

吉野家

おうち吉野家かんたんレシピ
目次

- 2　はじめに
- 6　この本で使う冷凍具材と
　　その使い方

1. ぱぱっと素早くできる朝ごはん

- 10　クロックムッシュ
- 12　クイック豚汁
- 14　肉がゆ
- 16　焼肉サンド
- 18　ホットサンド
- 20　だし茶漬け
- 22　ミートパイ

2. お弁当のおかず

- 26　牛だし巻き卵弁当
- 28　焼鶏のり弁当
- 30　キンパ弁当
- 32　豚肉と切り昆布炒め弁当
- 34　炊き込み牛めし弁当

3. ランチにぴったりなワンプレート

- 38　お手軽ビーフストロガノフ風
- 40　豚肉ときのこの和風クリームパスタ
- 42　チキンドリア
- 44　ビーフカレー
- 46　坦々風サラダうどん

4. 晩ごはんのメインのおかず

- 50　クイック肉じゃが
- 52　牛肉とトマトの卵炒め
- 54　チーズタッカルビ

- 56 豚肉と青じそのチーズ春巻き
- 58 吉野家で手巻き寿司
- 60 回鍋肉
- 62 チリコンカン
- 64 半熟卵の豚巾着
- 66 オープンコロッケ
- 68 ポークチャップ
- 70 チャプチェ
- 72 豚肉と豆腐の四川風辛煮込み
- 74 キムチあんかけ豆腐ステーキ
- 76 ゴーヤチャンプルー

5. お酒のおともにしたいおつまみ

- 80 ビーフじゃがバター
- 81 親子ポテサラ
- 82 やみつき牛焼肉バターコーン
- 83 豚平焼き
- 84 照り焼きチキンの餅ピザ
- 85 牛肉のっけ温奴

6. からだにやさしいヘルシー夜食

- 88 牛すい
- 89 サンラータン風春雨ヌードル
- 90 茹でキャベツと鶏肉のごま和え
- 91 ピリ辛牛肉もやし
- 92 焼肉チョレギサラダ
- 93 とろろそば

- 94 冷凍具材別 INDEX
- 95 吉野家の冷凍具材が買えるところ

※材料の分量の表示で、大さじ1は15㎖、小さじ1は5㎖、1カップは200㎖です。
※野菜類は、特に指定のない場合は、「洗う」「皮・薄皮をむく」などの作業を済ませてからの作り方を紹介しています。

この本で使う
冷凍具材とその使い方

この本で紹介するすべてのレシピには、通販ショップで購入できる（詳細は95ページ）吉野家の冷凍具材を使用しています。その特長と種類、使い方をご紹介します。

特長

● **安心・安全にこだわった食材を使用しています**

吉野家のバイヤーが現地まで足を運び、各食材の品質チェックを行っています。また、例えば牛肉の加工には、清潔なステンレス性の作業台を使用するなどと、あらゆる場所で充分な安全管理を徹底しています。

● **実はヘルシーです**

「吉野家の商品」というと丼物が中心のため、高カロリーと思われがちですが、本書でご紹介する冷凍具材は、336kcal（1袋）以下の商品しかありません。

| 冷凍牛丼の具
（135g）1袋
➡336kcal | 冷凍豚丼の具
（135g）1袋
➡257kcal | 冷凍牛焼肉丼の具
（135g）1袋
➡274kcal | 冷凍豚しょうが焼
（135g）1袋
➡297kcal | 冷凍焼鶏丼の具
（135g）1袋
➡193kcal |

● **賞味期限は1年間**

賞味期限は製造日を含めて365日。
－18℃以下で冷凍保存します。

冷凍庫にストックしておけば、「買い物できなくて食材がない！」なんていうピンチのときも大活躍。

> 種類

● この本では5つの種類を使っています

冷凍牛丼の具
店舗同様の食材を使用し、店舗の味を再現しています。牛肉は穀物肥育の北米産ショープレート肉を主に使用。肉の臭みが少なくやわらかで、まろやかな肉質です。玉ねぎは主に国産を使用し、時期によって産地を見直すことで甘さと食感を保ちます。たれは100年以上研究を続けている門外不出の味です。白ワインとすりおろしたしょうがを加えることで、深みのある味わいに仕上げています。

冷凍豚丼の具
以前店舗で大好評だった豚丼をご家庭用にしました。豚バラ肉のほどよい脂身と甘みを引き立てつつ、さっぱりとしたたれで煮こみました。

冷凍牛焼肉丼の具
厳選したうまみたっぷりの牛肉を、じっくり丁寧に焼き上げました。たれもマイルドに仕上げ、香ばしさが際立ちます。

冷凍豚しょうが焼
店舗の商品とはひと味違う、しょうがの風味がよくきいた特製だれを豚肉にからめ仕上げました。

冷凍焼鶏丼の具
特製の甘だれを厳選した鶏肉にからめ、香ばしく焼き上げました。

※商品内容・パッケージは変更になる場合がございます。

> 使い方

● とてもかんたん！
電子レンジか湯煎で温めるだけ!!

食べる前・調理する前に、「電子レンジで温める」か「湯煎をする」だけでOKです。この本のすべてのレシピに出てくる冷凍具材は、必ずどちらかの方法で温めてから調理してください。

- 電子レンジの場合：500Wの場合は約3分30秒、600Wの場合は約3分加熱します。
- 湯煎する場合：約5分間沸騰させます。

※冷凍牛丼の具の場合。商品により調理時間は異なります。

1. ぱぱっと素早くできる朝ごはん

しっかり食べたい・食べさせたいけれど、
じっくりと時間をかけてもいられない。
短時間でできて、「肉」がしっかり食べられる
かんたん朝ごはんです。

Ⓐ aを塗った面にふち1cmを残して牛丼の具をのせる。

Ⓑ 卵液がなくなるまでしっかり両面に吸わせる。

クロックムッシュ

フレンチトーストの甘くないお食事版。
牛丼の具のやわらかさと甘みがとろ〜りとろけたチーズとマッチ!

使ったのは
冷凍牛丼の具

材料（2人分）

冷凍牛丼の具（温め済み）……1袋
食パン（8枚切り）……4枚
スライスチーズ……2枚
a ┃ マヨネーズ……大さじ1強
　┃ 粒マスタード……小さじ1
b ┃ 牛乳……1カップ
　┃ 卵（溶く）……1個
バター……10g

作り方

① パンに具材をのせる

食パン2枚に混ぜ合わせたaを塗る。その2枚に汁気を切った牛丼の具、チーズを順にのせ（Ⓐ）、それぞれをもう1枚のパンで挟む。

② 卵液をしみ込ませる

バットなどにbを混ぜ合わせ、1を浸し、水分がなくなるまでしっかり卵液をしみ込ませる（Ⓑ）。

③ フライパンで焼く

フライパンにバターの半量を熱して溶かし、両面に焼き色が付くまで軽くフライ返しで押し付けながら弱めの中火で焼く。半分に切って器に盛り、好みでピクルスを添える。

調理時間 10分

Ⓐ 火の通りを早くするためにできる限り薄く切る。

Ⓑ 具材にごま油をからませて、コクをプラス。

クイック豚汁

煮込みに時間のかかる豚汁が、
豚丼の具を使えば短時間で完成。
奥深い味わいです。

使ったのは
冷凍豚丼の具

材料（2人分）

冷凍豚丼の具（温め済み）……1袋
にんじん……1/3本
大根……2〜3cm
長ねぎ……1/2本
だし汁……4カップ
みそ……大さじ1
ごま油……小さじ1

作り方

① **材料を切る**

にんじん、大根は薄いいちょう切り（Ⓐ）、長ねぎは5mm幅で斜め薄切りする。豚丼の具はひと口大に切る。

② **材料を炒めて煮る**

鍋にごま油を熱し、1を炒めて（Ⓑ）油がまわったらだし汁を入れ、中火で7〜8分ほど煮る。豚丼の具を汁ごと入れ、みそを溶き、味をととのえる。好みで斜め切りした万能ねぎや七味唐辛子をちらす。

調理時間 20分

肉がゆ

ライトなおかゆとガッツリ牛丼の具のコラボ。
トッピングを充実させれば、
目にも舌にも楽しい一品です。

使ったのは
冷凍牛丼の具

材料 (2人分)

冷凍牛丼の具（温め済み）……1袋
ごはん……茶碗1杯分
レタス……1枚
a｜水……3〜4カップ
　｜鶏がらスープの素……小さじ1
塩……適量
ごま油……適量

作り方

① **レタスを切る。**
レタスは2cm幅に切る（A）。

② **ごはんを煮てレタスを加える**
鍋にaとごはんを入れて中火にかける。水分が少なくなったら足しながら15〜20分ほど煮る。好みの濃度になったら塩で味をととのえ、レタスを加える（B）。器に盛って牛丼の具をのせる。ごま油をまわしかけ、好みで刻んだパクチーやピーナッツをのせる。

A 食物繊維が豊富なレタスで野菜もチャージ！

B レタスは食感を残すため、仕上げに加える。

調理時間 5分

Ⓐ 長ねぎはごま油をからめて香りよく。

Ⓑ 牛焼肉丼の具は軽く汁気を切ってのせる。

焼肉サンド

パンチのある牛焼肉丼の具はサンドイッチとも好相性！彩りをよくすることがポイントです。

使ったのは 冷凍牛焼肉丼の具

材料 (2人分)

冷凍牛焼肉丼の具（温め済み） …… 1袋
イングリッシュマフィン …… 2個
グリーンカール …… 1枚
トマト …… 1個
長ねぎ …… 10cm
ごま油 …… 小さじ1
白ごま …… 小さじ1/2
マヨネーズ …… 大さじ1

作り方

① **材料を切る**

長ねぎは斜め薄切りにし、ごま油と塩ひとつまみ（分量外）で和える（Ⓐ）。グリーンカールは食べやすい大きさにちぎり、トマトは5mm厚さに切る。

② **具材をはさむ**

イングリッシュマフィンは横半分に割ってオーブントースターで焼く。焼いた半分のマフィンの上にグリーンカール、トマト、マヨネーズ、汁気を切った牛焼肉丼の具、長ねぎを順にのせ（Ⓑ）、白ごまをふってもう半分のマフィンで挟む。

調理時間 10分

Ⓐ カレー粉を加えてスパイシー感をプラスする。

Ⓑ パンの4辺を包丁の背でぎゅっと押さえる。

ホットサンド

和風な豚丼の具にカレー粉を加えて風味をアップ。豚肉、シャキシャキキャベツ、香ばしいトーストのコントラストが楽しい!

使ったのは 冷凍豚丼の具

材料(2人分)

冷凍豚丼の具(温め済み)……1袋
サンドイッチ用食パン……4枚
キャベツ……1枚
カレー粉……小さじ1/3
マヨネーズ……適量
薄力粉、水……各適量

作り方

① **豚丼の具にカレー粉を混ぜる**

豚丼は具の汁気をしっかり切り、カレー粉を混ぜる(Ⓐ)。キャベツは千切りにする。薄力粉に少量の水を混ぜ、粘りのあるのりを作る。

② **パンの4辺を包丁の背で押さえる**

食パンのふちを1cmほど残してキャベツをしき、マヨネーズをかけ、豚丼の具をのせる。ふち4辺にのりを塗り、もう1枚のパンをのせて軽く全体を押さえる。包丁の背でふちを両面からしっかりと押さえ付けて接着させる(Ⓑ)。

③ **オーブントースターで焼く**

オーブントースターで焼き色が付くまで焼く。

調理時間 5分

だし茶漬け

だしが豚丼の具の豚バラ肉の
ほどよい脂身を包み込んであっさりと。
食欲のない朝にもどうぞ。

使ったのは
冷凍豚丼の具

材料（2人分）

冷凍豚丼の具（温め済み）……1袋
ごはん……茶碗2杯分
a ┃ だし汁……2カップ
　┃ しょうゆ……小さじ2/3
　┃ 塩……ふたつまみ
三つ葉……2本
刻みのり……適量
わさび……適量

作り方

1 三つ葉を刻む

鍋にaを混ぜ合わせて火にかける。三つ葉を刻む（A）。

2 だし汁をかける

器にごはん、軽く汁気を切った豚丼の具をのせ、三つ葉、刻みのりをのせて1のだし汁をかけ（B）、わさびを添える。

A 三つ葉は細かく刻む。

B 食べる直前にアツアツのだし汁をかける。

調理時間
15分

Ⓐ パイシートは青じそよりもひとまわり大きくのばす。半解凍の状態が扱いやすい。

Ⓑ 青じそをしき、ふちの内側におさまるように牛丼の具をのせる。

1 ぱぱっと素早くできる朝ごはん ● ミートパイ

ミートパイ

牛丼の具とパイの相性がこんなによいとは大発見！
味付け入らずで、子どもから大人まで楽しめる味わいです。

使ったのは 冷凍牛丼の具

材料（4個分）

冷凍牛丼の具（温め済み）……1袋
パイシート……1枚（19×19cm）
青じそ……4枚
マヨネーズ、白いりごま……各適量

作り方

① **パイシートをのばす**

パイシートは半解凍し4等分に切って、めん棒で青じそよりひとまわり大きく均一にのばす（Ⓐ）。牛丼の具は汁気をよく切る。

② **青じそと牛丼の具をのせて焼く**

パイシートの4辺を各1cm幅切り取ってふちにのせ、全体にフォークで数カ所穴をあける。青じそをしき牛丼の具をのせる（Ⓑ）。オーブントースターで5分ほど焼き、マヨネーズをかけて白ごまをふり、さらに3分ほど焼く。

2. お弁当のおかず

忙しい朝に作るお弁当に、冷凍食品は頼もしい味方。
冷めてもおいしいのはもちろん、
見栄えもいいお弁当のおかず5選。

牛だし巻き卵弁当

だしが不要のだし巻き卵。
牛丼の具も汁も余すことなく活用します。

調理時間（お弁当1個分）
20分

調理時間 **5**分

使ったのは 冷凍牛丼の具

2 お弁当のおかず

牛だし巻き卵

材料（1本分）

冷凍牛丼の具（温め済み）…… 1/2袋
卵…… 2個
サラダ油…… 適量

● 牛だし巻き卵弁当

作り方

① **だし巻きを巻く**

牛丼の具は具と汁に分ける。溶いた卵に牛丼の汁を混ぜ合わせる。卵焼き器にサラダ油を少量なじませて中火で熱し、卵液の1/4を流す。牛丼の具を手早く奥側に均一に並べ、奥から手前に巻く。巻いたら奥に寄せる。再度サラダ油を全体になじませ、卵液を少量ずつ流し、同様に巻いていく。

② **形を整えて切る**

2～3分おいてキッチンペーパーなどで巻いて形を整え、4等分に切る。

＋おかずレシピ

きゅうりの塩昆布和え

材料（作りやすい分量）

きゅうり…… 1/2本
塩昆布…… 大さじ1/2
ごま油…… 小さじ1弱

作り方

① きゅうりはこぶしでたたいて食べやすい大きさに割り、塩昆布とごま油で和える。

ツナポテトサラダ

材料（作りやすい分量）

じゃがいも…… 1個
ツナ缶…… 大さじ1
マヨネーズ…… 大さじ1強
塩…… 適量

作り方

① じゃがいもはひと口大に切り、水にさらしてから耐熱ボウルに入れ、ふんわりとラップをかけて電子レンジ（600W）で3分ほど加熱する。熱いうちにフォークでつぶす。

② 粗熱を取り、ツナとマヨネーズで和え、塩で味をととのえる。

焼鶏のり弁当

焼鶏丼の具を炒めてより香ばしく！
冷めても変わらないおいしさに感動します。

調理時間（お弁当1個分） 20分

調理時間 **5**分

ねぎま焼鶏

使ったのは **冷凍焼鶏丼の具**

材料（作りやすい分量）

冷凍焼鶏丼の具（温め済み）……1袋
長ねぎ……1本　七味唐辛子……適量

作り方

① **長ねぎと焼鶏丼の具を炒める**

長ねぎは3cm幅に切る。フライパンに並べて火にかけ、中火で焼き色が付くまで両面を焼く。焼鶏丼の具を汁ごと入れて炒め合わせ、長ねぎがしんなりしたら七味唐辛子をふる。

2 お弁当のおかず

● 焼鶏のり弁当

＋おかずレシピ

味玉

材料（2個分）

半熟卵……2個
a ｜ めんつゆ（3倍濃縮）……大さじ2
　 ｜ 水……大さじ2

作り方

① ポリ袋に半熟卵と混ぜ合わせたaを注いで密閉し、3時間以上おく。

茹でいんげんとマヨネーズ

材料（1人分）

いんげん……2〜3本
マヨネーズ……適量

作り方

① 鍋にお湯を沸かし、沸騰したらいんげんを入れて1分ほど茹でる。ざるにあげ、粗熱が取れたら3〜4等分に切ってマヨネーズをかける。

のり弁

材料（1人分）

ごはん……茶碗1杯分
焼きのり……1/4枚
a ｜ かつお節……大さじ2
　 ｜ しょうゆ……小さじ1

作り方

① 弁当箱にごはんを詰める。混ぜ合わせたaをごはんにちらし、焼きのりをのせる。

キンパ弁当

しっかり味の牛焼肉丼の具はキンパの主役にぴったり！
切るときは、包丁にごま油を塗って断面を美しく仕上げて。

調理時間
（お弁当1個分）
20分

使ったのは 冷凍牛焼肉丼の具

2 お弁当のおかず

● キンパ弁当

⏱ 調理時間 **15**分

キンパ

材料（2本分）

冷凍牛焼肉丼の具（温め済み）……1袋
ごはん……茶碗大盛り2杯分
a │ 塩……小さじ1/2
  │ ごま油……小さじ2
焼きのり（大判）……2枚
青じそ……4枚　きゅうり……1/2本
にんじん……1/2本　白ごま……適量

作り方

① **材料を切って、にんじんを炒める**

にんじんときゅうりは細切りにする。フライパンにごま油小さじ1（分量外）を熱し、にんじんを炒め、塩（分量外）をふる。

② **巻きすにごはんと具材をのせて巻く**

温かいごはんにaを混ぜ合わせる。巻きすにラップと焼きのりをしく。奥2cmほどをあけ、ごはんの半量を薄く広げる。青じそ、にんじん、きゅうり、汁気を切った牛焼肉丼の具を手前にのせ、きつく巻く。

③ **白ごまをちらし、切る**

のり巻きの表面に薄くごま油（分量外）を塗り、白ごまをちらし、包丁で1.5cm幅に切る。

+ おかずレシピ

パインのはちみつマリネ

材料（作りやすい分量）

カットパイン……100g
はちみつ……小さじ1

作り方

① パインは食べやすい大きさに切って、はちみつで和える。お好みでミントを加えても。

豚肉と切り昆布炒め弁当

ごま油で炒めた切り昆布に豚しょうが焼のうまみが
絶妙にからまって美味!

調理時間
(お弁当1個分)
15分

調理時間 **5**分

豚肉と切り昆布炒め

使ったのは冷凍豚しょうが焼

材料（作りやすい分量）

冷凍豚しょうが焼（温め済み）…… 1袋
切り昆布 …… 150g　塩 …… 適量
七味唐辛子 …… 適量
ごま油 …… 小さじ2

作り方

① **切り昆布と豚しょうが焼を切る**
切り昆布はさっと水洗いし、5～6cm幅に切る。豚しょうが焼は2cm幅に切る。

② **1を炒める**
フライパンにごま油を熱し、切り昆布を炒める。しんなりしたら豚しょうが焼を加えて炒め合わせ、塩と七味唐辛子で味をととのえる。

+ おかずレシピ

ブロッコリーナムル

材料（作りやすい分量）
ブロッコリー …… 60g
すりごま …… 大さじ1/2
ごま油 …… 大さじ1
塩 …… ふたつまみ

作り方
① ブロッコリーは小房に分け、さっと水にさらして耐熱ボウルに入れ、ふんわりとラップをかけて電子レンジ（600W）で1分30秒～2分ほど加熱する。
② 余分な水分を捨て、残りの材料と和える。

焼き鮭

材料（1人分）
甘塩鮭切り身 …… 1切れ

作り方
① 甘塩鮭はグリルで焼いて、中まで火を通す。

炊き込み牛めし弁当

牛丼の具に入っている隠し味の白ワインとおろしたしょうがが
深みのある味わいの炊き込みごはんに仕上げます。

調理時間
（お弁当1個分）
60分
※炊飯時間を含む

※炊飯時間を除く
調理時間 **5分**

使ったのは 冷凍牛丼の具

お弁当のおかず

● 炊き込み牛めし弁当

牛ごぼう炊き込みご飯

材料（作りやすい分量）

冷凍牛丼の具（温め済み）……1袋
米……2合　まいたけ……1パック
ごぼう……1/2本
a | しょうゆ……大さじ1/2
　| みりん……大さじ1/2
　| 塩……小さじ1/2　水……1と1/2カップ

作り方

① **米を研ぎ、材料を切る**
米は研いで浸水し、ざるにあげて水気を切る。まいたけはほぐし、ごぼうは皮をこそげ斜め薄切りにする。牛丼の具は具と汁に分ける。

③ **炊飯器で炊く**
炊飯器に米、a、牛丼の汁をさっと混ぜ合わせる。まいたけ、ごぼう、牛丼の具をのせて炊く。好みで刻んだ三つ葉をちらす。

＋おかずレシピ

かぼちゃのレンジ煮

材料（作りやすい分量）
かぼちゃ……1/8個
a | しょうゆ、みりん、酒……各大さじ1/2
　| 水……70㎖

作り方
① かぼちゃは小さめのひと口大に切る。耐熱ボウルにaを混ぜ合わせ、かぼちゃの皮面を下にして並べる。
② ふんわりとラップをかけて電子レンジ（600W）で4分ほど加熱する。

セロリの甘酢漬け

材料（作りやすい分量）
セロリ……1本　しょうが……1かけ
唐辛子（輪切り）……適量
a | 酢……大さじ2　砂糖……大さじ1
　| 塩……小さじ1/3

作り方
① しょうがは千切り、セロリは筋を取り3㎜厚さの斜め薄切りにする。
② ポリ袋などにaを入れて混ぜ合わせ、1と唐辛子を入れてもみ、1時間以上おく。

3. ランチにぴったりなワンプレート

食後の食器を洗う手間も少ない
手軽な「ワンプレート＝ひとつの器」のレシピを考えました。
クリームパスタにドリアにカレー！
家族の喜ぶ顔が見えませんか？

Ⓐ とろみづけの小麦粉は炒めた具材にふりかける。

Ⓑ 生クリームでトマトの酸味をやわらげる。

お手軽ビーフストロガノフ風

牛丼の具を使うから15分煮込むだけ。
マイルドな酸味のトマト煮込みは子どもから大人まで大人気。

使ったのは 冷凍牛丼の具

材料 (2人分)

冷凍牛丼の具（温め済み）……2袋
玉ねぎ……1/4個
トマトジュース食塩無添加……1缶（190g）
マッシュルーム……4個
小麦粉……大さじ1　にんにく（すりおろし）……少々
a ┃ ケチャップ……大さじ2
　 ┃ 中濃ソース……大さじ1　水……1/2カップ
生クリーム……大さじ2　砂糖……ふたつまみ
塩……適量　バターライス……適量

作り方

① **材料を切り、炒める**

玉ねぎは薄切り、マッシュルームは5mmほどに薄切りする。フライパンにサラダ油小さじ1（分量外）とおろしにんにくを熱し、玉ねぎとマッシュルームを炒める。しんなりしたら小麦粉を加えてさらに炒め（Ⓐ）、トマトジュース、牛丼の具、aを加え、蓋をして10分ほど中火で煮る。

② **味をととのえる**

とろみがついたら、生クリーム（Ⓑ）、砂糖、塩で味をととのえてバターライスと一緒に皿に盛る。好みで野菜サラダを添える。

Japanese cream pasta

調理時間
10分

豚肉ときのこの
和風クリームパスタ

豚しょうが焼の特製だれが
牛乳と生クリームをやさしい味わいの和風ソースに仕上げます。

使ったのは
冷凍豚しょうが焼

材料（2人分）

冷凍豚しょうが焼の具
（温め済み）……1袋
パスタ（乾麺）……160g
しめじ……1/2パック
a ┌ 牛乳……1/2カップ
　└ 生クリーム……1/2カップ
サラダ油……小さじ2
三つ葉、刻みのり……各適量

作り方

① 材料を切る
しめじは石づきを落としてほぐす。三つ葉は2cm幅のざく切りにする。

② しめじを炒め、aを加える
フライパンにサラダ油を熱し、しめじを炒める。しんなりしたら豚しょうが焼を汁ごとaと加え、中火で2〜3分ほど加熱する（A）。

③ 2にパスタを加えてからめる
たっぷりのお湯に塩大さじ1（分量外）を加えパスタを茹でる。袋の表示時間より1分短く茹でて2にからめ、1分ほど加熱する（B）。塩（分量外）で味をととのえて器に盛り、三つ葉と刻みのりをのせる。

Ⓐ aをすべて生クリームにすると、より濃厚なソースに。

Ⓑ アルデンテに茹でたパスタを加えて手早くソースにからめる。

Chicken doria

調理時間
15分

Ⓐ たれはごはんに混ぜて余すことなく活用する。

Ⓑ 牛乳を少しずつ加え、なめらかになるまでよく混ぜる。

チキンドリア

焼鶏×ホワイトソース×チーズは好相性！
ごはんに混ぜた甘じょっぱいたれが全体をまとめます。

使ったのは
冷凍焼鶏丼の具

材料（2人分）

- 冷凍焼鶏丼の具（温め済み）……1袋
- ごはん……茶碗少なめ2杯分
- まいたけ……1/3パック
- ピザ用チーズ……50g
- バター、薄力粉……各20g
- 牛乳……1と1/2カップ
- 塩……適量

作り方

① ごはんと具の汁を混ぜ合わせる

焼鶏丼の具は具と汁に分け、汁はごはんに混ぜ合わせる（Ⓐ）。まいたけはほぐす。

② 薄力粉に少しずつ牛乳を加える

フライパンにバターを熱して溶かし、薄力粉を加えて混ぜ合わせる。粉っぽさがなくなったら、牛乳を少しずつ加え絶えずヘラで混ぜる（Ⓑ）。すべて入れたらとろみがつくまで加熱し、塩で味をととのえる。

③ オーブントースターで焼く

グラタン皿にごはんをしき、2、焼鶏丼の具、まいたけをのせ、チーズをちらす。オーブントースターでチーズに焼き色が付くまで焼く。好みで刻んだパセリをちらす。

ビーフカレー

牛丼の具と隠し味のインスタントコーヒーで
深みとコクのある絶品カレーができあがります。

使ったのは冷凍牛丼の具

材料（2人分）

冷凍牛丼の具（温め済み）……2袋
ごはん……茶碗2杯分
玉ねぎ……1/2個
カレールウ（フレークタイプ）
　……70～80g
インスタントコーヒー……小さじ1/2
水……1と2/3カップ

作り方

① **玉ねぎを切る**

玉ねぎは2～3mm幅の薄切りにする（A）。

② **玉ねぎと牛丼の具を煮る**

フライパンに玉ねぎ、牛丼の具を汁ごと、水を入れて中火にかけ、煮立ったら蓋をして5分ほど煮る。

③ **カレールウと　コーヒーを入れる**

火を止めてカレールウとインスタントコーヒーを入れ（B）、再び中火にかけてとろみが付くまで2～3分ほど煮る。器にごはんと一緒に盛る。好みで茹で卵を添える。

Ⓐ 短時間で味がなじむよう玉ねぎはできるだけ薄く切る。

Ⓑ インスタントコーヒーを加えて味に奥行きをプラスする。

Salad udon

調理時間 5分
※冷凍うどんの解凍時間を除く

Ⓐ 野菜は好みのものでもOK。彩りを考えて。

Ⓑ 濃縮タイプのめんつゆを豆乳で割る。

坦々風サラダうどん

マイルドな辛さの冷たいうどん。
豚丼の具と一緒に食べれば、思わずうなるおいしさ！

使ったのは 冷凍豚丼の具

材料（2人分）

冷凍豚丼の具（温め済み）……1袋
冷凍うどん……2袋
レタス……2枚
トマト……1/2個
カイワレ大根……1/4パック
a │ 無調整豆乳……1カップ
　 │ めんつゆ（3倍濃縮）……70㎖
すりごま、ラー油……各適量

作り方

① **材料を切る**
冷凍うどんは袋の表示通りに解凍し、冷水で水洗いして水気をよく切る。レタスは5㎜幅の千切り、トマトは1㎝角、カイワレ大根は根元を切る（Ⓐ）。

② **豆乳とめんつゆを混ぜ合わせる**
aを混ぜ合わせる（Ⓑ）。

③ **うどんに具材をのせる**
器にうどんを盛り、レタス、軽く汁気を切った豚丼の具、トマト、カイワレ大根をのせる。aをかけ、すりごまとラー油をかける。

4. 晩ごはんの メインのおかず

和食の定番おかずの肉じゃがから、
子どもの誕生会やホームパーティーにもぴったりな手巻き寿司まで、
さまざまな晩ごはんをお届けします。

調理時間 15分

Ⓐ じゃがいもは煮込み時間短縮のため、細いスティック状に切る。

Ⓑ 仕上げに加えるバターで、コクとまろやかさをプラス。

クイック肉じゃが

彩りも鮮やか！子どもも喜ぶコーン入りの肉じゃがです。
口径の広いフライパンを使えば、
より短時間にできあがります。

使ったのは
冷凍牛丼の具

材料（作りやすい分量）

冷凍牛丼の具（温め済み）……1袋
じゃがいも……2個
いんげん……5〜6本
コーン（水煮）……大さじ3
バター……10g
みそ……大さじ3
水……1と1/2カップ

作り方

① **材料を切る**
じゃがいもは皮をむき、1cm角の棒状に切って水にさらす（Ⓐ）。いんげんは長さを3等分に切る。

② **材料を煮て、コーンとバターを加える**
フライパンにじゃがいも、牛丼の具を汁ごと、水、みそを混ぜ合わせて火にかけ、煮立ったら蓋をして中火で5分ほど煮る。蓋をとっていんげんを加え、さらに5〜6分ほど煮詰めて水分を飛ばし、コーンとバターを加えてからめる（Ⓑ）。

調理時間 5分

Ⓐ 卵はふんわり半熟に仕上げるため、最初に炒めて取り出す。

Ⓑ トマトの端が少し煮くずれてきたら、卵を入れるサイン

牛肉とトマトの卵炒め

やわらかい牛肉と、甘みを増したトマト、
まろやかな半熟卵が、抜群のバランスです。

使ったのは 冷凍牛丼の具

材料（2人分）

冷凍牛丼の具（温め済み）……1袋
卵……2個
トマト……1個
オイスターソース……小さじ2/3
粗びき黒こしょう……適量

作り方

① **トマトを切る**
トマトは8等分のくし形切りにする。

② **卵を半熟に炒める**
フライパンにごま油（分量外）を熱し、溶いた卵を流し入れる。大きくかき混ぜて半熟のうちに取り出す（Ⓐ）。

③ **炒めた具材に卵を戻し入れる**
フライパンに牛丼の具を汁ごと、トマト、オイスターソースを入れ、トマトの端が軽く煮くずれるまでさっと煮立てる。卵を戻し入れてやさしく混ぜ（Ⓑ）、器に盛って粗びき黒こしょうをふる。

チーズタッカルビ

話題の韓国料理を焼鶏丼の具で再現!
具材にとろりとからむ濃厚なチーズがたまりません。

使ったのは
冷凍焼鶏丼の具

材料 (2人分)

冷凍焼鶏丼の具（温め済み）……1袋
キャベツ……2〜3枚
もやし……1/2袋
にら……1/2束
ピザ用チーズ……100g
キムチ……90g
a ┃ コチュジャン……大さじ1と1/2
　┃ 酒……大さじ1
　┃ にんにく（すりおろし）……小さじ1
　┃ しょうゆ……小さじ1/2
ごま油……大さじ1/2

作り方

① キャベツを切り、aを混ぜる

キャベツはひと口大のざく切りにし、にらは5cm幅に切る。aを混ぜ合わせる。

② 材料を炒め、にらを加える

フライパンにごま油を熱し、キャベツともやしを炒める。しんなりしたら、a、キムチ、焼鶏丼の具を汁ごと加えて炒め合わせる。にらを加えてさらに炒める（A）。

③ 真ん中をあけてチーズを入れる

フライパンの真ん中をあけてチーズをちらし（B）、蓋をして弱めの中火で2分ほど蒸らす。チーズが溶けたらからめながら食べる。

Ⓐ 材料を炒め、にらを加えてさらに炒める。

Ⓑ 真ん中一列にチーズをちらす。

Ⓐ 皮の表面がつるっとしたほうが外側にくるように巻く。

Ⓑ 豚肉は加熱済みなので、おいしそうなきつね色になればOK。

豚肉と青じその チーズ春巻き

味付けをしていないのに、豚丼の具でうまみたっぷり！
こってりチーズと豚肉を青じそがさわやかに。

使ったのは
冷凍豚丼の具

材料 (4本分)

冷凍豚丼の具（温め済み）……1袋
春巻きの皮……4枚
青じそ……4枚
ピザ用チーズ……40g
薄力粉、水……各適量

作り方

① 「のり」を作る

豚丼の具は汁気をしっかりと切る。薄力粉に少量の水を混ぜ、粘りのあるのりを作る。

② 春巻きの皮で具材を包む

春巻きの皮の手前に青じそをしき、その上に豚丼の具とチーズをのせる（Ⓐ）。手前からきつくひと巻きし、両端を折り込み、最後まできつめに巻く。巻き終わりはのりで閉じる。

③ 油で揚げる

高温（約180℃）に熱した油できつね色になるまで揚げる（Ⓑ）。

吉野家で手巻き寿司

ネタのメインは、牛丼・豚丼・牛焼肉丼・焼鶏丼の具！
具材の味付けをいかし、
野菜を用意するだけでできるパーティーメニュー。

> 使ったのは
> 冷凍牛丼の具
> 冷凍豚丼の具
> 冷凍牛焼肉丼の具
> 冷凍焼鶏丼の具

材料 (4～5人分)

冷凍牛丼の具（温め済み）……1袋
冷凍豚丼の具（温め済み）……1袋
冷凍牛焼肉丼の具（温め済み）……1袋
冷凍焼鶏丼の具（温め済み）……1袋
ごはん……3合分　すし酢……90～100ml
焼きのり（大判）……適量
＊以下ネタはお好みで
厚焼き玉子……1個　サンチュ……10枚
きゅうり……1本　青じそ……10枚
赤パプリカ……1/4個　アボカド……1個
キムチ……適量
コーンマヨ……コーン大さじ4とマヨネーズ大さじ2を混ぜ合わせる

作り方

① 酢飯を作る
炊きたてのごはんをボウルに入れ、すし酢をまわしかけ、しゃもじで全体を切るように混ぜる（A）。ぬれぶきんをかけ、人肌程度に冷ます。

② 材料を切る
きゅうりと赤パプリカは細切り、厚焼き玉子は1cmほどの太さ、アボカドも同様の大きさに切る（B）。

③ 焼きのりで酢飯とネタを巻く
焼きのりに酢飯をのせ、お好みのネタをのせて巻く。

Ⓐ すし酢はしゃもじをつたわせながら全体にまわしかける。

Ⓑ 具材の彩りを考慮すると華やかな食卓に。

調理時間
5分

Ⓐ 具に調味料を混ぜ合わせておけば慌てず楽ちん。

Ⓑ 野菜は強火でさっと炒め、シャキシャキ感を残す。

回鍋肉

豚しょうが焼に甜麺醬をからめた回鍋肉。
ごはんが進む大満足な炒めものです。

使ったのは 冷凍豚しょうが焼

材料（作りやすい分量）

冷凍豚しょうが焼（温め済み）…… 1袋
キャベツ …… 大3枚
ピーマン …… 1個
赤パプリカ …… 1/4個
にんにく（みじん切り）…… 1かけ分
甜麺醬 …… 大さじ1
豆板醬 …… 小さじ1/3～1/2
ごま油 …… 大さじ1
塩 …… ふたつまみ

作り方

① **豚しょうが焼と甜麺醬を混ぜ合わせる**

豚しょうが焼は汁気を軽く切り、具に甜麺醬を混ぜ合わせる（Ⓐ）。

② **材料を切る**

キャベツはざく切りにし、芯は薄切りにする。ピーマンと赤パプリカはヘタ、種、わたを取り、食べやすい大きさの斜めざく切りにする。

③ **材料を炒める**

フライパンにごま油、にんにく、豆板醬を熱し、香りが出たら野菜をすべて入れる。強火で2分ほど炒めて（Ⓑ）塩をふり、1の豚しょうが焼を入れる。手早く全体を炒める。

Ⓐ 大きめの耐熱ボウルで材料をさっと混ぜる。

Ⓑ 香りを残したいスパイスは仕上げに加える。

チリコンカン

牛丼の具に混ぜてチンするだけで大変身！
タコライスのようにごはんの上にのせてもおいしい。

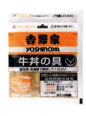
使ったのは 冷凍牛丼の具

材料（作りやすい分量）

冷凍牛丼の具（温め済み） …… 1袋
トマト缶（ホールタイプ）
　…… 1缶（200g）
キドニービーンズ（水煮） …… 80g
クミンパウダー …… 小さじ1
塩、粗びき黒こしょう …… 各適量

作り方

① **材料を混ぜ合わせる**

ホールトマトは手でつぶす。耐熱ボウルに軽く汁気を切った牛丼の具、キドニービーンズ、トマト缶を加えて混ぜ合わせる（Ⓐ）。

② **スパイスを加える**

1を電子レンジ（600W）でラップなしで3分ほど加熱する。取り出して混ぜ、さらに3分ほど加熱する。クミンパウダーを加えて混ぜ合わせ（Ⓑ）、塩と粗びき黒こしょうで味をととのえる。好みでタバスコを加えたり、コーンチップス、パクチー、アボカドなどを添える。

Ⓐ 卵は一度容器に割り入れてから、油揚げに流し入れる。

Ⓑ 豚丼の具のうまみと油揚げのコクが溶け出た煮汁を小松菜にしみ込ませる。

半熟卵の豚巾着

油揚げの中に、豚丼の具と卵を入れて煮るだけ。
まるで和食屋さんで出てくるみたいなほっとする味わい。

使ったのは冷凍豚丼の具

材料（作りやすい分量）

冷凍豚丼の具（温め済み）……1袋
卵……4個
小松菜……2株
油揚げ……2枚
a ｜ しょうゆ……大さじ1
　｜ 酒……大さじ1
　｜ みりん……大さじ1
　｜ 砂糖……小さじ1
　｜ 水……1カップ

作り方

① **油揚げを半分に切って開く**

豚丼の具は具と汁に分ける。油揚げは熱湯をかけて油抜きをし、半分に切って開く。

② **油揚げに豚丼の具と卵を入れる**

油揚げに1/4量の豚丼の具、卵の順に入れ（Ⓐ）、つまようじで口元を止める。同様に残りも作る。

③ **2を煮る**

aと豚丼の汁を鍋に沸かし、2を入れ弱めの中火で3分ほど煮る。裏返して3分ほど煮た後、小松菜を鍋の隅に入れてさらに3分ほど煮る（Ⓑ）。つまようじをとって器に盛る。

オープンコロッケ

成形、揚げ油不要の楽ちんコロッケ。
牛丼の具の汁がいもにしみ、
こっくりと深みのある味わいに。

使ったのは 冷凍牛丼の具

材料（作りやすい分量）

冷凍牛丼の具（温め済み）…… 1袋
じゃがいも …… 2個
バター …… 10g
a ｜ パン粉 …… 大さじ4
　｜ パセリ（みじん切り）…… 小さじ2
　｜ サラダ油 …… 小さじ1
塩、こしょう …… 各適量

作り方

① じゃがいもをチンして牛丼の具と混ぜ合わせる

牛丼の具は汁と分け、具は1cm幅に切る。じゃがいもは皮つきのままラップで包み、電子レンジ（600W）で5分ほど加熱する。すっと竹串が通ったら熱いうちに皮をむきフォークでつぶし、牛丼の具、汁、バターを加え（A）、塩とこしょうで味をととのえる。

② 1の上にaをのせる

グラタン皿に1をしきつめ、その上に混ぜ合わせたaをのせる。オーブントースターで表面がきつね色になるまで焼く。好みでソースをかける（B）。

Ⓐ ひとかけらのバターでコクをプラスする。

Ⓑ パン粉をちらしたら、接着させるように軽く手で押さえ付ける。

Ⓐ ひとつまみの砂糖で全体の味をまとめる。

Ⓑ 調味料を加えたらよく炒め、トマトの酸味をほどよく飛ばす。

ポークチャップ

豚しょうが焼に甘みのあるケチャップソースがマッチ。子どもに喜ばれる味付けです。

使ったのは 冷凍豚しょうが焼

材料（1人分）

冷凍豚しょうが焼（温め済み） …… 1袋
玉ねぎ …… 1/4個
a ┌ トマトケチャップ …… 大さじ1
　├ 中濃ソース …… 大さじ1/2
　├ 砂糖 …… ひとつまみ
　└ にんにく（すりおろし）…… 少々

作り方

① **aを混ぜ合わせる**
玉ねぎは薄切りにする。aを混ぜ合わせる（A）。

② **豚しょうが焼と玉ねぎを炒める**
フライパンにサラダ油小さじ1（分量外）を熱し、玉ねぎを炒める。しんなりしたら、軽く汁気を切った豚しょうが焼を加えて炒め合わせ、aを加え、さらに炒めて酸味を飛ばす（B）。器に盛り、好みで野菜を添える。

Ⓐ 具材を奥に、手前に水分をためて春雨を煮る。

Ⓑ 火の通りが早いにらは最後に炒める。

チャプチェ

日本でもおなじみの韓国料理。
牛丼の具の肉のうまみが春雨にもしっかりしみ込んで美味。
晩ごはんに、おつまみに、お弁当にと、大活躍の一品です。

使ったのは
冷凍牛丼の具

材料 (2人分)

冷凍牛丼の具（温め済み）……1袋
春雨……40g　にら……1/2束
にんじん……1/4本
a ┃ コチュジャン……小さじ1
　┃ しょうゆ……小さじ1/2
　┃ 砂糖……小さじ1/2
　┃ 水……1/2カップ
白ごま……大さじ1
ごま油……大さじ1

作り方

① **材料を切る**
にらは5cm幅に切り、にんじんは細切りにする。春雨はキッチンバサミで半分に切る。牛丼の具はひと口大に切る。aを混ぜ合わせる。

② **材料を炒めて煮る**
フライパンにごま油を熱し、にんじんを炒めてしんなりしたら、牛丼の具とaを加え、手前に水分をためて春雨を浸し、弱めの中火で2分ほど煮る（Ⓐ）。

③ **にらを加えて炒める**
にらを加えて汁気がなくなるまで炒める（Ⓑ）。仕上げに白ごまを混ぜ合わせる。

豚肉と豆腐の四川風辛煮込み

豚肉、豆腐、長ねぎが三位一体。
刺激的な辛さで体の芯から温まる大人の鍋。

使ったのは
冷凍豚丼の具

材料 (2人分)

冷凍豚丼の具（温め済み）……1袋
長ねぎ……1本　絹ごし豆腐……1/2丁（150g）

a
- 水……2カップ
- 鶏がらスープの素……小さじ1
- 片栗粉……小さじ2
- 豆板醤、オイスターソース、しょうゆ……各小さじ1

b
- サラダ油……大さじ2
- ラー油……大さじ1と1/2〜2
- 赤唐辛子……6本

作り方

① 材料を切る

長ねぎは斜め1cm幅に切る。豆腐は1cm厚さの食べやすい大きさに切る。

② 豚丼の具と長ねぎを煮て、豆腐を加える

鍋にa、豚丼の具を汁ごと、長ねぎを入れて煮る。混ぜながらゆるいとろみが付いたら豆腐を加え（A）、さらに2分ほど煮て器に盛る。

③ bを煮る

小さめのフライパンにbを混ぜ合わせて中火にかけ、煙が出たら2にかける（B）。好みで刻んだパクチーをのせる。

A 豆腐を加えたら、煮くずれないように混ぜすぎない。

B 煙が出るまで加熱したら、じゅわっとまわしかける。

キムチあんかけ豆腐ステーキ

淡白な豆腐を香ばしく焼いて、
肉入りキムチあんかけをかければ、立派なメインおかずに!

使ったのは 冷凍豚丼の具

材料 (2人分)

冷凍豚丼の具(温め済み) …… 1袋
木綿豆腐 …… 1丁(300g)
a ┃ キムチ …… 100〜120g
　┃ 水 …… 2/3カップ
　┃ めんつゆ(3倍濃縮) …… 小さじ1
　┃ 片栗粉 …… 小さじ2

作り方

① 豆腐をレンジで加熱して水切りする

豆腐は1cm厚さの食べやすい大きさに切り、ペーパータオルに包んで電子レンジ(600W)で2分ほど加熱して水切りする。

② 豆腐に片栗粉をつけて焼く

1に片栗粉(分量外)をたっぷりめにまぶし、ごま油大さじ1(分量外)を熱したフライパンで両面焼き色が付くまで焼き(A)、器に盛る。

③ 豚丼の具とaを煮る

フライパンに豚丼の具を汁ごとaを合わせて火にかける。混ぜながらとろみが付いたら強火で1分ほど煮たて(B)、2にかける。好みで斜め切りにした万能ねぎをちらす。

Ⓐ 両面に香ばしい焼き色が付くまで焼く。

Ⓑ とろみが付いた後もぐつぐつと煮立ててとろみを安定させる。

Ⓐ 塩もみすることで苦みが軽減する。

Ⓑ 卵、具材の順に炒め、最後に混ぜ合わせることで卵がふんわり仕上がる。

ゴーヤチャンプルー

味のしみた豚丼の具、ふんわり卵が
ほろ苦いゴーヤをまろやかに包み込みます。

使ったのは冷凍豚丼の具

材料（2人分）

冷凍豚丼の具（温め済み）…… 1袋
ゴーヤ …… 1/2本
厚揚げ …… 1枚（160g）
卵 …… 1個
塩、こしょう …… 各適量
サラダ油 …… 小さじ1

作り方

① **ゴーヤを切って塩でもむ**

ゴーヤは縦半分に切ってスプーンで種とわたを取り、7～8mm幅の半月切りにする。ボウルに入れ、塩ふたつまみ（分量外）でよくもみ（Ⓐ）、5分ほどおいてしぼる。厚揚げは横半分に切り、1cm幅に切る。

② **材料を炒める**

フライパンにサラダ油を熱し、溶いた卵を流し入れてさっと炒め、取り出しておく。ごま油大さじ1（分量外）を熱し、ゴーヤと厚揚げを炒める。豚丼の具を汁ごと加え、汁気が少なくなるまで炒めたら、卵を戻し、塩とこしょうで味をととのえ、皿に盛る（Ⓑ）。好みでかつお節をちらし、紅しょうがを添える。

5.
お酒の
おともにしたい
おつまみ

お酒がよりおいしくなるおつまみを考えました。
飲んでいる途中にそのときの"ノリ"でもできる、
かんたんレシピ6選。

ビーフじゃがバター

加熱しただけのじゃがいもを
牛丼の具のうまみが包み込む、ごちそうじゃがバター。

使ったのは
冷凍牛丼の具

材料（2人分）

冷凍牛丼の具（温め済み）……1袋
じゃがいも（男爵）……2個
バター……10g
粗びき黒こしょう……適量

作り方

① **じゃがいもをレンジで加熱**

じゃがいもはラップでくるみ、電子レンジ（600w）で竹串がスッと通るまで5分ほど加熱する。

② **じゃがいもに具材をのせる**

じゃがいもに十字に切り目を入れる。牛丼の具を汁ごと、バターの順にのせ、粗びき黒こしょうをちらす。

調理時間 5分

● ビーフじゃがバター／親子ポテサラ

親子ポテサラ

ポテトサラダの具材に焼鶏がこんなに合うなんて！
シンプルながらとまらないおいしさです。

使ったのは
冷凍焼鶏丼の具

材料（2人分）

冷凍焼鶏丼の具（温め済み）……1袋
じゃがいも……2個
卵（半熟にゆでる）……1個
マヨネーズ……大さじ2～3

作り方

① **じゃがいもをレンジで加熱し、つぶす**

じゃがいもは皮をむいてひと口大に切り、さっと水にさらしてから耐熱ボウルに入れる。ふんわりとラップをかけて電子レンジ（600W）で3分30秒～4分加熱し、熱いうちにフォークでつぶす。粗熱をとり、マヨネーズと混ぜる。

② **じゃがいもに具材をのせる**

1を器に広げ、焼鶏丼の具を汁ごと、半分に切った半熟卵をのせる。好みで小口切りにした万能ねぎをちらす。

調理時間 5分

やみつき牛焼肉バターコーン

焼肉入り、ぜいたくな大人のバターコーン。
材料3つ、ぱぱっと作れるスピードおつまみ！

使ったのは
冷凍牛焼肉丼の具

材料（2人分）

冷凍牛焼肉丼の具（温め済み）……1袋
ホールコーン（缶詰）……1缶（155g）
バター……10g

作り方

① 牛焼肉丼の具を切る

牛焼肉丼の具は（汁はとっておく）食べやすい大きさに切る。

② コーンと1を炒める

フライパンを熱してバターを溶かし、コーンを炒める。しんなりしたら1を汁ごと加え、さらに炒める。器に盛り、好みで刻んだパセリをちらす。

調理時間 10分

やみつき牛焼肉バターコーン／豚平焼き

豚平焼き

豚平焼きは炒めた豚肉と野菜などの具を卵で包む、
関西地方の鉄板焼きメニュー。
もやしはシャキシャキ感を残して。

使ったのは 冷凍豚丼の具

材料（2人分）

冷凍豚丼の具（温め済み）……1袋
もやし……1/3袋
卵……2個　ピザ用チーズ……40〜50g
a｜片栗粉……小さじ1　水……大さじ1
ごま油……大さじ1
ソース、マヨネーズ……各適量

作り方

① **もやしと豚丼の具を炒める**

フライパンにごま油の半量を熱し、もやしを炒める。豚丼の具を汁ごと加え、汁気を飛ばすように炒め、皿に取り出しておく。

② **1を卵で包んで焼く**

溶いた卵にaを混ぜ合わせる。フライパンに残りのごま油を熱して卵液を流し入れて数回かき混ぜ、半熟のうちに1とチーズを中央にのせて包む。皿に盛り、ソースとマヨネーズをかける。好みで刻んだ万能ねぎや紅しょうがをのせる。

調理時間 5分

照り焼きチキンの餅ピザ

餅ピザのベースとなるソースは焼鶏丼の具の甘だれ。
甘じょっぱくてお酒がすすみます。

使ったのは
冷凍焼鶏丼の具

材料（2枚分）

冷凍焼鶏丼の具（温め済み）……1袋
スライス餅……12〜16枚
ピザ用チーズ……適量
刻みのり……適量

作り方

① **スライス餅を焼く**

フライパンにサラダ油（分量外）を少量熱し、スライス餅6〜8枚を隙間なく並べる。ぷっくりしてきたらフライ返しで押し付けながらくっつけ、片面が焼けたら裏返す。

② **焼鶏丼の具とチーズをのせて焼く**

1に焼鶏丼の具の汁を全体に塗り、具とチーズをのせ、蓋をしてチーズが溶けるまで弱めの中火で焼く。刻みのりをちらして食べやすい大きさに切る。

調理時間 5分

お酒のおともにしたいおつまみ

照り焼きチキンの餅ピザ／牛肉のつけ温奴

使ったのは 冷凍牛丼の具

牛肉のっけ温奴

温奴に牛丼の具をのせただけでぜいたくなおつまみに。
大根おろしとぽん酢でさっぱりとどうぞ。

材料（2〜3人分）

冷凍牛丼の具（温め済み）……1袋
絹ごし豆腐……1丁（300g）
大根……4〜5cm
ぽん酢……適量

作り方

① **大根おろしを作る**
大根はすりおろして軽く水気をしぼる。

② **豆腐をレンジで加熱する**
豆腐は1cm厚さの食べやすい大きさに切り、耐熱容器に並べてふんわりとラップをかけ、電子レンジ（600W）で1分30秒ほど加熱し、出てきた水分を捨てる。

② **牛丼の具と大根おろしをのせる**
1の豆腐に軽く汁気を切った牛丼の具と大根おろしをのせ、ぽん酢をかける。好みで小口切りにした青ねぎやみょうがをのせ、七味唐辛子をかける。

85

6. からだにやさしいヘルシー夜食

夜遅い食事になったとき、またはちょっと小腹がすいたとき……。
時間を考えると、からだにあまり負担がかからない
やさしい食事をしたいもの。とっておきのヘルシー夜食です。

調理時間 5分

牛すい

大阪発祥の肉うどんからうどんを抜いた汁わん。
だし汁に牛丼の具のうまみが加わって、からだにしみ入るおいしさ。

使ったのは 冷凍牛丼の具

材料（2人分）

冷凍牛丼の具（温め済み）……1袋
絹ごし豆腐……1/3丁（100g）
青ねぎ……適量
だし汁……2〜2と1/2カップ
七味唐辛子……適量

作り方

① **材料を切る**
豆腐は1cm厚さの食べやすい大きさに切る。青ねぎは小口切りにする。

② **牛丼の具と豆腐を煮る**
鍋にだし汁を入れて熱し、豆腐と牛丼の具を汁ごと加える。豆腐が温まるまで2〜3分煮る。塩（分量外）味をととのえ、器に盛って青ねぎをのせ、七味唐辛子をかける。

調理時間 5分

サンラータン風春雨ヌードル

辛くてすっぱい、女性に人気のサンラータン。
豚肉と春雨の具で、お腹も満足するはずです。

使ったのは 冷凍豚丼の具

材料（2人分）

冷凍豚丼の具（温め済み） …… 1袋
春雨 …… 40g　しいたけ …… 3個
卵 …… 1個　万能ねぎ …… 適量
a ┃ 中華だし（顆粒）…… 小さじ1
　┃ しょうゆ …… 大さじ1/2　水 …… 3カップ
酢 …… 大さじ1〜2　ごま油 …… 小さじ1　ラー油 …… 適量

作り方

① **材料を切る**

万能ねぎは小口切り、しいたけは軸をとって薄切り、春雨はキッチンバサミで半分に切る。

② **材料を煮て、卵をまわし入れる**

鍋にごま油を熱し、しいたけをさっと炒め、a、豚丼の具を汁ごと、春雨を入れて沸かし2分ほど煮る。春雨がやわらかくなったら、塩とこしょう（分量外）で味をととのえ、溶いた卵をまわし入れて火を止め、酢を加える。器に盛り万能ねぎをちらし、ラー油をまわしかける。

調理時間 5分

茹でキャベツと鶏肉のごま和え

消化によく食物繊維たっぷりのキャベツを
焼鶏丼の具、香ばしいすりごまと和えました。

使ったのは
冷凍焼鶏丼の具

材料（2人分）

冷凍焼鶏丼の具（温め済み）……1袋
キャベツ……1/4個
青じそ……3枚　すりごま……大さじ1

作り方

① キャベツを茹でて、水気をしぼる

キャベツはざく切りにする。鍋にたっぷりの湯を沸かし、キャベツを1分ほど茹でてざるにあげる。粗熱をとって軽く水気をしぼる。

② 材料を混ぜ合わせる

1、ちぎった青じそ、すりごま、焼鶏丼の具を汁ごと混ぜ合わせる。

調理時間 5分

使ったのは
冷凍牛丼の具

ピリ辛牛肉もやし

牛丼の具のうまみをもやしにからめて、
豆板醤できりっと辛みをきかせます。

材料（2人分）

冷凍牛丼の具（温め済み）……1袋
豆もやし……1袋
a ┃ 豆板醤……小さじ1/2〜1
  ┃ ごま油……小さじ2
  ┃ 白ごま……適量

作り方

① 豆もやしを茹でて、水気をしぼる

鍋にたっぷりの湯を沸かし、豆もやしを50秒ほど茹でる。さっと水にさらし、水気をしぼる。

② 材料を混ぜ合わせる

1、a、牛丼の具を汁ごと混ぜ合わせる。

お酒からだにやさしいヘルシー夜食

● 茹でキャベツと鶏肉のごま和え／ピリ辛牛肉もやし

調理時間 5分

焼肉チョレギサラダ

小腹がすいたけれどサラダだけでは物足りない……。
そんなに人におすすめ！焼肉入りでボリュームたっぷり。

使ったのは 冷凍牛焼肉丼の具

材料 （作りやすい分量）

冷凍牛焼肉丼の具（温め済み）……1袋
サニーレタス……3〜4枚
きゅうり……1/2本　長ねぎ……4cm
韓国のり（焼きのりでも可）……適量

a
- ごま油、白いりごま……各大さじ1/2
- しょうゆ、酢……各小さじ1
- 砂糖……小さじ1/4
- にんにく（すりおろし）……少々

作り方

① **材料を切る**

サニーレタスはひと口大にちぎる。きゅうりは縦半分に切って斜め薄切りにする。長ねぎは繊維に沿って極細に切り、水に5分ほどさらしてペーパータオルで水気を拭く。

② **野菜とaを混ぜ、のりを加える**

ボウルにサニーレタス、きゅうり、しっかり混ぜ合わせたaを入れてさっと和え、ちぎったのりを加える。

③ **2の上に焼肉などをのせる**

器に盛り、軽く汁気を切った牛焼肉丼の具、ねぎ、好みで糸唐辛子をのせる。

調理時間 5分

6 からだにやさしいヘルシー夜食

● 焼肉チョレギサラダ／とろろそば

使ったのは 冷凍牛丼の具

とろろそば

さっぱりとしたとろろそばに牛丼の具をのせれば、
ボリュームアップでしっかり満足な一品に。

材料（2人分）

冷凍牛丼の具（温め済み）……1袋
そば（生）……2食分
山芋……150g
めんつゆ（3倍濃縮）……適量

作り方

① **そばを茹で、山芋をすりおろす**

そばは袋の表示通りに茹で、冷水で洗ってざるにあげる。山芋は皮をむいてすりおろす。

② **そばの上に山芋と牛丼の具をのせる**

そばを器に盛り、山芋をかけ、牛丼の具をのせ、めんつゆをかける。好みで刻みのり、小口切りにした万能ねぎ、わさびを添える。

93

冷凍具材別 INDEX

冷凍牛丼の具

クロックムッシュ	10
肉がゆ	14
ミートパイ	22
牛だし巻き卵弁当	26
炊き込み牛めし弁当	34
お手軽ビーフストロガノフ風	38
ビーフカレー	44
クイック肉じゃが	50
牛肉とトマトの卵炒め	52
吉野家で手巻き寿司	58
チリコンカン	62
オーブンコロッケ	66
チャプチェ	70
ビーフじゃがバター	80
牛肉のっけ温奴	85
牛すい	88
ピリ辛牛肉もやし	91
とろろそば	93

冷凍牛焼肉丼の具

焼肉サンド	16
キンパ弁当	30
吉野家で手巻き寿司	58
やみつき牛焼肉バターコーン	82
焼肉チョレギサラダ	92

冷凍豚のしょうが焼

豚肉と切り昆布炒め弁当	32
豚肉ときのこの和風クリームパスタ	40
回鍋肉	60
ポークチャップ	68

冷凍豚丼の具

クイック豚汁	12
ホットサンド	18
だし茶漬け	20
坦々風サラダうどん	46
豚肉と青じそのチーズ春巻き	56
吉野家で手巻き寿司	58
半熟卵の豚巾着	64
豚肉と豆腐の四川風辛煮込み	72
キムチあんかけ豆腐ステーキ	74
ゴーヤチャンプルー	76
豚平焼き	83
サンラータン風春雨ヌードル	89

冷凍焼鶏丼の具

焼鶏のり弁当	28
チキンドリア	42
チーズタッカルビ	54
吉野家で手巻き寿司	58
親子ポテサラ	81
照り焼きチキンの餅ピザ	84
茹でキャベツと鶏肉のごま和え	90

吉野家の冷凍具材が買えるところ

● 全国の生協
※生協により販売商品が異なります。
※取り扱いのない生協もございます。

● 吉野家公式通販ショップ
https://e-shop.yoshinoya.com/

● テレビ・カタログ通販

● その他

吉野家

1899年、東京中央区日本橋にあった魚市場に個人商店として吉野家が誕生。100年以上にわたり「うまい、はやい、やすい」牛丼を提供することにこだわり続け、すべてのお客様に喜んでいただける商品とサービスを追求している。その中で、"吉野家の牛丼を自宅でも食べたい"というお客様の声から誕生した「吉野家冷凍牛丼の具」は、20年以上愛され続けている商品。今では「豚丼の具」「牛焼肉丼の具」など数々の商品も加わり、通販ショップ、生協の宅配、テレビ・カタログ通販等で販売している。

STAFF
メニュー作成・調理／SHIORI・齋藤菜々子・佐藤礼奈（L'atelier de SHIORI）
撮影／宗野歩
スタイリング／SHIORI
デザイン／望月昭秀＋片桐凜子（NILSON）
編集協力／土田浩実
編集／土田由佳

冷凍具材をつかって朝食・お弁当・ヘルシー夜食まで
おうち吉野家かんたんレシピ

NDC596

2018年10月29日　発　行

著　者	株式会社 吉野家
発行者	小川雄一
発行所	株式会社 誠文堂新光社
	〒113-0033　東京都文京区本郷3-3-11
	（編集）電話03-5800-5779
	（販売）電話03-5800-5780
	http://www.seibundo-shinkosha.net/
印刷・製本	図書印刷 株式会社

©2018, YOSHINOYA CO., LTD.
Printed in Japan
検印省略
禁・無断転載

落丁・乱丁本はお取り替えいたします。

本書のコピー、スキャン、デジタル化等の無断複製は、著作権法上での例外を除き、禁じられています。本書を代行業者等の第三者に依頼してスキャンやデジタル化することは、たとえ個人や家庭内での利用であっても著作権法上認められません。

本書に掲載された記事の著作権は著者に帰属します。これらを無断で使用し、展示・販売・レンタル・講習会などを行うことを禁じます。

[JCOPY] ＜（社）出版者著作権管理機構　委託出版物＞
本書を無断で複製複写（コピー）することは、著作権法上での例外を除き、禁じられています。本書をコピーされる場合は、そのつど事前に、（社）出版者著作権管理機構（電話 03-3513-6969／FAX 03-3513-6979／e-mail:info@jcopy.or.jp）の許諾を得てください。

ISBN978-4-416-91863-0